감사의 겉옷을 입고

도서출판말씀

도서출판말씀시선.2

김영교 시집

|시인의 말|

살아가면서 예기치 않은 위기에 처했을 때
나를 선택해 준 이가 있었다

병상에서 더욱 그랬다
한번도 고향에서 대접 받지 못한 그 목수 청년은
병든 자, 약한 자, 가난한 자, 소외된 자 편이었다

시인처럼 은유와 비유로 세상을 들었다 놓았다
죽을 수 밖에 없는 영혼을 살리기 위해
십자가의 도를 감내한 그이
지금도 오버타임 일하는 그이
내가 그의 선택이 되다니 기적 중에 으뜸 기적이다

그는 끝도없이 나를 깨우쳐 갔다
기도 같은 시를 통해
무릎 꿇음을 통해
고통 다음의 기쁨을 통해
암도 선물이란 감사를 통해
그는 나를 다지고 반죽하여
〈감사의 겉옷을 입고〉를 고백하게 만들었다. 겉옷은 전부이다
모두가 은혜임을 고백을 하는 내 가슴은 맑게 개어 있다
이렇게 그이는 나의 생을 붙들고 연장시켜 주고 있다

2010년 한 해에 시집 2권
〈새롭게 떠나는 작은새〉와 〈감사의 겉옷을 입고〉를

허락해 주신 이에게 감사를
병원에 계시는 믿음의 선배 시어머님께 감사를
묵묵히 후원해주는 남편과 목사아들 내외와
둘째 아들내외에게 감사를 그리고 헌신적인 기도 동역자
유화선 목사와 정연홍 전도사의 우정에 깊은 감사를 드린다

2010년 겨울
LA근교 TORRANCE에서
김영교

|차례|

1. 불씨 하나

2. 으뜸 사랑

3. 생수의 강가에서

4. 아버지 바다

오늘
그 불 씨 옮아와
내 마음에 지핀다
광야같은 내 마음에 지핀다

1. 불씨 하나

성경

날이면 날마다
만나고 싶습니다

뒤돌아서면
보고 싶고
홀로 있으면
그리워 찾습니다

만나면 만날수록
보고 있으면 보고 있을수록
점점 불어나는 기쁨덩어리

생명의 키를 쑥쑥 자라게 하는
물과 햇빛, 그리고 바람이십니다

기쁨을 향하며

누구나 통장 하나씩은 가지고 있다
함께 혹은 혼자 누리는 은밀함

배품 통장에는 베푸는 기쁨
나눔 통장에는 나누는 기쁨이 자란다

통장에
눈물을 심으면 웃음이 열리고
기도를 심으면 소망이 달린다

아무도 빼앗아 가지 못하는 기쁨을 향하여
불입하는 적금이 미세한 지금

감사통장 하나면
색깔이나 종류 달라도
약속된 만기일까지
복복 복리 이자 붙는
'믿음'원금

기쁨의 직거래
말씀은행의 신기한 예금계좌

겉옷

무겁더이다
야윈 어깨를
삶의 무게가
터무니없이 누를 때

아프더이다
출처를 알 수 없는 말의 화살이
사방에서 날아와 꽂히던 그 때

너무 길더이다
손을 놓고
세상 물결에 휩쓸려
탁류인줄 모르던
캄캄하던 그 때가

산산조각 난파된 자아
상처투성이를 깁고 싸매 준 손길
그 오랜 기다림
견딜만 하더이다

기쁘더이다
한없이 기쁘더이다
목 내놓고

숨 쉬어졌을 때
시야 가득 들어온 파란 하늘

뿜어 오르는 찬란한 빛이
육신을 뚫어
산화시켜버린 겉옷
조금도 조금도
아깝지 않더이다

편지

너를 향해 치닫는 마음
그 길에
부호들이 동행
우표 타고 날아간다
생각의 조리개
종이의 계곡을 넘어
길게 뽑는 만큼 메아리 친다

이토록 가볍고 얇은 그릇에
늘 고봉의 반가운 기별
더러는 깊고 무거운 눈물
빙산을 녹이는 힘 어떻게 담고 있는가

별을 세고 씨를 심는 설렘으로
우주를 날아가는 새
너만을 위해
흩뿌려 놓은 모이
바다건너 섬 마을 가난한 문패
약속처럼 찾아가 쪼아 댄다
창세의 그 새소리 여전한
지금도 들리는

세상에 의도된 '**그**'의 편지 아닌 것은 하나도 없다

죽 택배

열이 높아 혼절한 오후
약기운 밖으로
간신히 숨이 실눈을 뜬다

끼니 때 찾아 온 죽 자매들
앞치마 두르고 입맛 옆에 조용히 엎드린다
녹차, 단호박, 단팥, 송이, 전복

방문 온 배려가 높이 탑을 올라가면
겸손하게 내려가는 신열
그 옛날 언어를 훼방 놓아
하늘에 못 닿은 탑하나 떠오른다

오늘
내려가는 신열만큼 낮아시는 사아
죽 자매들 '여리고 성'을 외친다
허물어진 그 자리에 자라나는
기도의 새싹
생명을 올곧게 세운다

남은 나의 쾌청의 날
심장 하나의
기도 죽 택배이고 싶다

야생화 교실

천둥소리 창밖으로 밀어낸
초록 책상 즐비한 교실

양지에서든 그늘에서든
풀잎 가지의자에 곧게 걸터앉는
몽우리, 잎사귀 급우들
앞서겠다 다투지 않고 색깔 다르다 내치지 않는다

이슬 새벽
작고 낮아 잘 보이지 않아도
창조주께는 찬양의 미소를 듬뿍
뽐내는 자 없어 어느 누구하나 기죽지 않는
온 동네가 환한 야외교실

풀향기 물씬한 노천 강의실
사계절 흥에 겨워 피고 또 피우는
봄학기 때 만나는 다년생과 신입생
제 자리 지킨다

여러 겹 목숨
힘겹게 바람에 흔들려도
선함과 아름다움으로 피어 쓰러지지 않는 혼
천기(天氣) 흘러드는

그 장엄한 자연 공개수업에 동참
들풀의 미덕을 배운다
밤하늘 별자리수를 배운다

가을 신발

팽팽한 초록근육 다 내어준 후
너는 기다림
텅 비어 있어
아침마다 채워주기를 열망한다

일상의 바다로 출렁이는
너는 출항 준비 된 배
피곤한 하루를 마감하고
쉴 때
꿈과 소망의 돛을 높이 단다

하늘을 향한 그리움
지척에서 마주볼 수 없는 안타까움
비키며
오른쪽 왼쪽 구분의 질서는
음악처럼 조화있는 행보 내 딛는다

말없이 앞서고 뒤서는 서열
더러운 진창 밟아도
낮고 젖은 외로움 껴안아
맨 아래 얇디얇은 바닥
추수들녘 지킨다
일년 열두달

그 숱한 출발을 깔고
닳아도 넘어지지 않는 무게에 기댄
화목의 향기
천지에 가득함이여

11월의 맨발
나는
나사렛 목수를 신으면
두렵지 않는 눈보라 겨울밤
세월 끝까지
저 하늘까지 가고 또 간다

조용히 숙인 머리

늘 나의 짐이 너무 많아
타인의 짐을 도와 줄 수가 없었습니다

오늘은
나의 짐이 나를 눌러
그 무게에 숨이 막혀옵니다

그래도
숙여지지 않는 머리
빳빳하게 곧은 목
허리는 결코 굽힌 적이 없습니다

샤론 꽃향기 가득한 지금 이 자리
마음엔 갈보리 언덕의 그 십자가 떠오릅니다

주님의 숙인 머리
언제나 굽히시던 허리
늘 흙발이셨습니다

당신의 짐 아무것도 없었습니다
넓게 벌린 양팔과
그 가슴은
우리의 모든 짐 맡으시려 몽땅 내 놓으셨습니다

당신의 찔림으로 우리는 나음을 입었고
당신의 죽음으로 세상은 다시 살아났습니다

이 순간 여기에 계시는 당신
마음 열고 머리 숙여 당신 닮기를 원하옵니다
섬김의 기쁨 가운데
감사의 떨림 가운데
진정 당신께 영광 올려드리는
남은 삶이기를 허락해 주옵소서

예수 수난과 나

깊이를 알 수없는 고통의 낭떠러지
심장이 터지지 않았습니다
그의 심장은 세상보다 컸기에
참혹한 채찍질에도
굽히지 않았음은
진리의 도가 그를 높혔기 때문입니다

흙길을 걷고 주리고 목말랐으나
땅에 속한 사람은 아니었습니다
찔린 구멍마다 흐르는 그의 피
나의 죄와 허물을 씻어주었습니다
그의 아픔이 인내의 끝에서 파르르 떨 때
깊이 썩은 세상은 되살아났습니다

그의 소리는
세상을 들었다 놓는 새로운 웅장함 이었습니다
하늘 아래 그보다 더
큰 능력과 힘은 일찍이 없었습니다

이제사 가슴에 찡찡 와 박히는 대못소리
나는 얼마나 큰 대못의 말로 상대방을 못질했나요
푹 엎어지듯 아픔이 덮쳐와
이렇듯 회개의 눈물이 가슴을 찢습니다

나는 죄덩어리
그럼에도 불구하고
그의 찔림은 나를 사랑하기 때문이요
그의 절규는 못 듣는 나의 세상 귀를 깨우기 위함이요
그의 가상의 죽음은 나를 살리기 위함이요
그의 부활은
인류를 위한 극치의 사랑표현이라는 이 깨달음
그의 시작은 빛
그 빛이 세상에 오사
어두움은 물러가고 사망과 미움의 벽 사라졌습니다

지금도 살아서
단절된 관계를 회복하는
우리 가운데 계시는 이여
영생과 구원을 봄소 보여수신 이여
내 영혼의 돌문 열어 주사
틈바구니마다 빛살들로 채우사
소망과 확신,
감사의 순간순간을 살게 하시니
넘치는 은혜에 목이 매입니다

*영화〈예수의 수난〉을 보고

두개의 안경

미움과 사랑
내 마음에 있는 두개의 안경이다

미움 안경을 쓰는 날은
세상은
밉고 싫고 짜증스런 일로 가득
상대방을 괴롭히기 전에
골목마다
자신을 먼저 괴롭히는 바람 높다

사랑의 안경을 쓰고 보면
세상은 아름답지 않는게 없다
진실된 말, 유연한 움직임에
다가오는 소중한 이웃

상대방을 살리고
자신을 살리는 싱싱함
너풀댄다

마음 속에서
두개의 안경이 자리 다툼 할 때
어느 쪽도 편들 수 없어
갈림길에서 힘들어진다

둘 다 나인데 반으로 쪼갤 수 없어
안타까워 울부짖는다

회개하고
화해하고 그리고
감사하면
세포구멍마다 내미는 평안

그 때
마음 전체가 초점맞는
투명한 시력의 안경이 되는 때임을
나는 드디어 안다

로뎀나무를 가슴에

텅 비어있는 광야

밤이 물러가면
낙타의 속눈썹에 솟아오는 일출
뜨거운 지열과 마른 모래바람이 만나는 곳

시간과 공간이 부둥켜안는 곳
제한된 목숨들이 내딛는 여정
그리하여
하늘을 응시하지 않을 수 없었던 환경

2천년 지속된 낙타의 무릎 꿇음
비어있어 충만한
필요한 만큼 넉넉한
발굽 아래 누운 흙의 기도

낮아 더 높이 쳐다 본 시야 가득
눈부신 빛살의 창세전 축복과 계획
가시 상처의 사막을 건너
방황하던 밤 지나
이제, 믿음의 뿌리 깊이
기쁨의 잎파리 너풀
소망의 가지 뻗으리

말씀 가지 넓게 뻗으리

영혼이 쉴만한 물가
그 잿더미 화력, 시공을 초월
여기 로뎀나무 한 그루 우뚝
키우는 이는 여호와이시니

베데스다 연못

인생은 베데스다*연못
병들어 있는 인간들로 북적 댄다

'물 동하기'를 로또 당첨처럼 기다리는 목숨들
욕심과 게으름이 더 큰 지병인 요행의 물가
이기심의 장님도 있고 프로 거지도 있고
무기형 앉은뱅이와 38년 불치 병자도 있다

고침과 치유를 필요로 하는 현대사회
'무거운 짐 진 자들아 다 내게로 오라'
지금도 나를 부르는 그 목소리

완전히 맡기지 못하는 나의 불신
원인보다 증상치료를 지식에 의존했고
진정 낫기를 원했던가
물질의 풍요를 걷어치우고
진정 자유로워지기를 갈망했던가
이 아침 나의 고질적인 연약함을 고백한다

베데스다 물가에
병자인 내 모습 외롭게 서있어
고장 난 구석구석이 수리공을 애타게 기다린다
뼈가 녹아내리는 간절함에

십자가 다리를 건너 복원되는 나의 장애

단절의 강, 상실의 강
건너 회복에 이르는 이 숨 막히는 감격
떨며 간신히 기어가는 내 가슴 앞에
곧게 뻗어있는 저 치유의 길
오! 으뜸 선물이어라

눈감으면 떠오르는 베데스다 연못
이제 감사의 숲 푸르러
이 환희의 반짝임 위에
한없이, 한없이 생명 부시다

*베데스다는 은혜의 집

감사를 세어본다

지쳐 힘들고 가라앉을 때
파란 하늘 쳐다볼 수 있는 눈 내게 있어
감사, 감사하다

춥고 허기질 때
움직일 수 있는 성한 손발 내게 있어
감사, 감사하다

먼 외지 혼자 외로울 때
찬양 부를 수 있는 목소리 있어
감사, 감사하다

소외되고 헐벗은 이웃 있어
나눔과 배품의 기쁨 알게 하시니
감사, 감사하다

약함을 감싸 안을 수 있는 내 작은 가슴
늘 일정한 체온 유지시켜 주심에
감사, 감사하다

하루 일 끝내고
단잠에 쉴 수 있는 밤 있으니
감사, 감사하다

새벽에 눈뜨면
또 다른 하루가 축복으로 이어져
감사, 감사하다

인생의 두꺼운 안개
앞을 가로 막을 때
생명의 지침서 내게 있으니
감사, 감사하다

이 세상 끝날 때
영생의 소망 있어
이 땅의 여정 힘들어도
견디기 수월해
감사, 감사하다

기도 다리미

매일
밟혀
온통 짓눌려 주름진 마음
뜨거운 눈물로 달구어진
나의 다리미
오늘도 말없이 펴고 있습니다

매달려 있는 어깨 긴장과
소매 끝의 피로
매일 다려도
땟국 줄줄 상처의 힘든 세월
구김살로 남아있습니다

새벽마다 성전 뜰을 밟고
낮게 엎드릴 때
쓰레기통에 버리고 싶은
주름 뒤에 숨어 불거져 나온 탐욕의 실밥들
골 깊게 헝클어진 내 모습만 보여
온 몸으로 누르고 밀어
쫙 피면서
뜨거운 기도 다리미로
땀 흘리며 대립니다
내 팔의 힘

내 몸무게로 다림질을 해 온 어리석음
옮아온 당신의 전류에 좍 펴지는 걱정의 구김살

교통 혼잡에 눌린 습한 윗도리
마켓 주차장에서 멍든 바짓가랑이
뒤집어 쓴 먼지
털고 빨아 다리며
날을 세워
반듯하게 옷걸이에 걸어 놓습니다

환하게 오늘이란 외출이 입어줄 때
세상 골목마다 풀 먹인 듯 아삭대는 기쁨

걸어가는 발길에
푸른 날새의 하루가 아름답게 핍니다

주머니

사람들이 다 가지고 있는
돈 주머니가 내겐 없습니다
처음부터 제것이 아니었습니다

사람들이 다 가지고 있는
밥 주머니가 내겐 없습니다
암(癌)씨가 몽땅 가져 갔습니다

내 영혼 구석구석
빈 주머니만 풀석 풀석 먼지 납니다
가진 것이라곤 눈물 주머니만 남았습니다

지금은
세족(洗足)의 절기
은혜의 신발 간수하기 위해
신발 주머니 하나 준비할 때입니다

불씨 하나

해질 녘 물가에 서면
떠오르는 갈릴리 호숫가

세상에 내리는 어두움 두려워
모두 떠나 버린 빈 자리

세상 짐 홀로 진 굽은 어깨로
혼자서 피우던 모닥불

오늘
그 불씨 옮아와
내 마음에 지핀다
광야같은 내 마음에 지핀다

대가(大家) 선물

한없이 약한 자를 들어
구원사역에 요긴하게 쓰는
대가 한사람 알고 있습니다

사람이 던진 실망과 배신에도
인내로 밤을 밝히며
사람 낚는 그물을 깁는
섬김의 대가 한사람 알고 있습니다

말의 비수에 찢겨 골 깊게 패인 아픔
싸매 주시는 자비의 손길
가득한 세상 탐욕
흔들어 닦고 덜어 비우도록
모난 마음의 그릇을 보듬고 다듬어 주는
대가, 그런 사람 하나 알고 있습니다

손수 빚으신 자연
생과 멸
황홀한 색과 절묘한 선들의 배합
극치의 아름다움 그 실존들이 심비(心碑)에 찍히도록
등 뒤에서 삶의 조리개를 여닫는 대가

'자녀 삼아주심' 의 큰 감격을
순간순간 생명을 폭포로 부어주는
으뜸인 그 분
대가 중의 대가 모습
그런 대가 한사람 나의 삶에 오심은
기적,
이보다 더 귀중한 선물
그 어디에 또 있을까요

낚시꾼의 하루

연말 팽팽한 긴장을 걸머지고
리돈도 해변에 가서 내려 놓는다

해풍이 쓰담는 잔교 위에는
일출 전에 자리 잡은 낚시꾼 행렬
줄줄이 긴 기다림에 늘어져 있는 낚싯대

환호의 함성이 창공을 찌를 때 마다
펄펄 뛰는 생선 한 마리씩 밖으로 나온다

일상의 바다에 드리워진 나의 낚싯대
건져 내는 것은
사그라지고 바스라지는 꿈의 자투리

해를 향해 수없이 던지는 낚싯대
아득한 수평선
닿을 길 없는 안타까움
물새들도 끼륵끼륵 목이 탄다

찬란한 아침 해
솟는 순간 어둠은 사라지고
세상이 더없이 밝고 환해진다

동쪽 바다에서
분명 지구보다 큰 한 어부가 거머 쥔
거대한 낚시 줄이
착오없이 건져 올리는 '해'
그 해가 창세전 그 해 인줄은
리돈도 해변에 가면 알게된다

활주로 위 아래로

걱정의 짐짝 실어 보낸다
하늘에 걸려있는 공항

즐비한 길 따라 직진하다가
한 순간 땅을 박차고
날아오른다

어느 날
깊고 어두운 밤 덮쳐
눈물의 기도 골짝 지날 때
곁에 서서
바람 막고 비 막아준 우산처럼

들판이나 샛길의 풀꽃 하나
지구촌 선교지 구석마다
소망의 씨앗 뿌려져
색깔 고운 복음으로 익어
영혼의 들판을 뻗어간다

역사를 만들고
사람을 들어 일하는 순간마다
굽이굽이 이어지는 도시계획
그 좁은 통로 끝에 이 착륙을 허락하는

말씀의 활주로 있어

날개근육은 은혜의 창공을 날아 오른다
청아한 소망의 찬양
지상의 사역지 튕겨
하늘나라 그 열림으로 간다

텃밭, 이제는

우리는
세상 재미에 취하여
마음 끄고 눈 닫아
의미 몰라 헤매며 살았네

우리는
저마다의 깊은 상처를 안고
불면의 이랑을 지나
고독의 다리를 건너온 한 톨의 씨앗

하늘이 드높은 계절
십자가 지붕 아래
한가닥 맑은 바람은 '새로운 출발' 의 새벽을 열었네

거기서 기도의 텃밭 일구며
사랑을 심고 말씀의 물을 주며
그리고 나 또한 씻고 마시네

믿음의 싹이 돋는 경건의 시간
회복의 가지 뻗어나
찬양 잎새 마다 하늘이 내려앉네

지금 텃밭은

걱정의 잡초 사라지고
의심의 흙 알갱이 다저져
성령의 햇빛 쏟아지는 정원 되었네

그 정원에서
늘 사랑꽃, 기쁨꽃, 화평꽃, 인내꽃, 자비꽃, 양선꽃, 충성꽃
더불어 다소곳한 온유꽃
조화를 이루는 절제꽃 가득
화목의 꽃 부드럽게 웃음 짓네

우리는 각기 색깔과 향기 다른 꽃송이
이제 너와 나
순종에 자리 매김하며
은혜 꽃밭에서 하나 되네

아름다운 생명 텃밭에서
함께 손잡고
좋은 소식
전할 일만 남았네

잡아 주는 손

우리 인간은
눈이 있어도 잘 보지 못하고
귀가 있어도 잘 듣지 못하는 어린아이입니다

아이는 교통이 복잡한 네거리에서만
잡아줄 손이 필요한 게 아닙니다

수많은 삶의 길거리엔 가로등이 없어 위태로웠습니다.
저는 가로등도 필요하고 손도 필요한 아이였습니다

광야에서 밤을 만나 방향을 몰라 헤맸습니다
춥고 허기져 지쳐있을 때
기댈 등이 필요했고 체온이 필요했습니다

놀랍게도 예측하지 못한 암이란 광야였습니다
그것도 두 번 씩이나
외롬의 허허벌판, 고통의 광야에서
넘어진 나를 일으켜 세워 줄
다가와 먼저 내밀어 등 다독여 주는
희망의 두 손은
시린 목을 감싸주는 목도리가 되었습니다

내 딛는 발걸음에 힘이 실어지고

세상은 환하게 밝아졌습니다
반겨주는 미소 따뜻했습니다

기다리고 있습니다
언젠가 나도 내밀어
잡아주는 손이 되고픈 소망 하나 품고
이렇게 기다림에 있습니다

사랑은 있는 그대로 받아주는
이 모습 이대로 인정하고 받아 준
목수청년

2. 으뜸 사랑

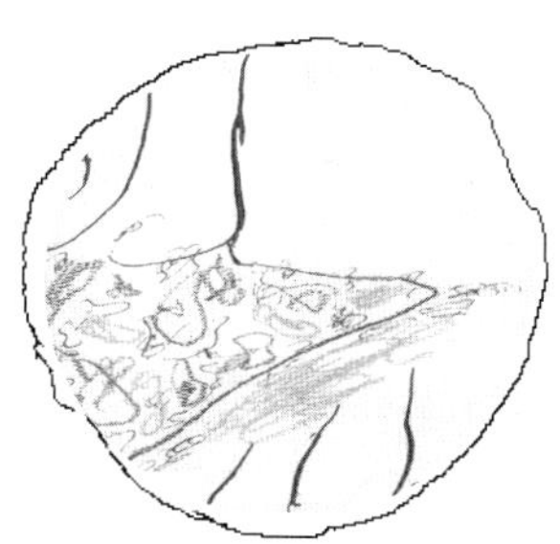

노치원 풍경

오렌지 카운티는 한시간 반 거리
세 번 씩 프리웨이 갈아타고 남하하면
백인여성이 경영주, 환자는 한국인 뿐

백세의 시고모님 집안 제일 윗 어른
성탄절 한 주 앞서 찾아 뵌 양로병원
팔십칠 평균연령에 더많은 여 원아 수

십이월 밝은 햇살 흰 병원 뜨락 가득
방마다 자식기척 기다리는 목마름
힘없고 병 깊게 든 몸 내일의 내 모습

구순의 시어머님 별탈 없으신 것이
고모님 뵙고온 후 더 고맙게 여겨져
정성껏 잘 모셔야지 다짐케 한 병문안

행복

세수비누와 몸을 섞으면
행복해지는 맨살

온 전신이 녹아져서
때 거품으로 사라지는 생

하얗게 뽀드득 소리를 내며
영혼의 발뒤꿈치까지
깨끗이 씻겨 진다

사랑은
내가 없어지는 연습

오늘도
당신의 은혜 대야에
알몸으로 풍덩

어머니 강물

이른 새벽 부르는 소리 있어
강가에 서면
하루를 여는 힘찬 물살 소리

오후의 그림자 끌고
달려가는 그리움
사막의 열기는 내색 않는 어머니의 속 마음
수면 가득 쏟아내면
잰 손길은 염려의 군살 밀어낸다

해 질녘 강둑을 걸으면
어깨 긴장 날려 보내는 무공해 강바람
멎은 듯 조용히 내 안에 불어온다

기다림의 낮은 땅을 향해
꾸불꾸불 흘러가는 물길
첨벙
하나의 물살로
속도를 더하는
먼 듯 지척의
뜨거운 혈로(血路)

살맛나는 세상

오늘
세상이 아름다운 것은
눈이 그렇게 보기 때문이다

주위의 조그만 미소들이
행복의 버팀목인 줄은
가슴이 그렇게 느끼기 때문이다

저녁이면
가족의 기다림으로 향하는 일상
그것이 질서인 것을 깨달아 안 것은
화목샘물이 가슴에 쉬지않고 솟기 때문이다

눈도, 마음도, 발걸음도 더없이 기쁜 것은
당신의 참 사랑
영혼 깊이 뿌리내려
나도 모르게 나를 변화시켰기 때문이다

사랑 보다 더 큰 기적 또 있을까
매 순간 구석구석 일어나는 기적
세상은 기적 투성이

세상은 그래서 살맛 나는 곳

시다트리(Cedatree)

사랑의 빚을 진 가정이 있다
친구인 권사와 그 딸 그리고 그댁 맏며느리
며느리는 말씀의 샘가로 데려다 준 그 옛날
그 고마움이 아직도 따끈한데
지금 주기적으로 보내오는 딸의 멜
이름하여 시다트리

복음이다
문서선교다
자신의 변화와 나눔의 삶
바울의 고백과 말씀 전달
낮게 엎드리는 뜨거운 기도

이중언어 간결한 문장들
오랫동안의 준비와 발송의 수고
주님은 이렇게 귀한 사람나무 키우고 있었다
놀라움이었다

스스로 지적하고 회개하는 힘
변화의 열매
헌신이 영혼의 풍요를 이타적으로 몰아
폭죽같이 터지는
기쁨과 일치의 시간들

불경기 바람에도 넉넉한
삶이 목위에 덤으로 앉아
골프와 명품 쇼핑에 중독된
윗동네 젊은 주부들을
생명의 통로로 안내
바람 시원한 말씀의 강가
그 딸나무를 통해
생명의 나눔을 실천한
사이버 시다트리

바람이 분다 성령바람이 분다
향내가 산계곡을 덮으며
집집마다 두드리며 퍼져 흐른다

아름다운 시다트리, 15년 농안 엄정 자랐구나
한 때 나도 그 그늘에서 누릴 수 있었던 쉼을
지금도 감사한다

시다트리
세계를 덮을 만큼
꿈꾸며
뻗으며
성큼성큼 자라기를
이 아침 드리는 기도 하나
횃불처럼 타오른다

얻은 것과 잃은 것

어느 날 갑자기 많은 피를 토하고 졸도
병원신세
위에서 발원된 임파선 암 말기 수술을 받아야 한다는 진단
그리고 수혈, 수술, 입원과 퇴원
여러해 전 일이지만 어젯 일만 같다
암으로 인해 잘라 낸 장기 부재로 불편을 겪기도 했다
토악질이 가장 힘들었다
발원지인 위와 비장 제거, 그리고 암으로 얇아진 왼쪽 유방
그 대신 내 생애에 아주 귀한 경험을 얻었다

남아있는 것들에 대한 소중함을 아는 체험, 날마다 말씀을
묵상하는 소망의 시간
나의 암으로 인해 암환자에 대한 관심, 보잘것없는 들꽃도
아름다울 수밖에 없다는 눈뜸
사랑스러움, 실로 말로 표현할 수 없는
더 많은 깨달음의 은혜를 입었다

장기가 떨어져 나간 나는 신체적 장애인
지체의 장애를 통해 나는 영혼의 장애가 없기를 바라는
기도를 열심히 하게 된 감사의 깨달음을 얻은 것이다
'잃은 것과 얻은 것' 은 다 하나님의 선물
계획된 준비과정

살아있는 것이 하나님의 선물이면
죽는 것도 하나님의 선물이란 결론을 얻게 되었다
죽음이 두렵지 않은 이유가 바로 여기에 있다
선물로 주되, 좋은 것으로 주는
아버지 하나님 마음이고 보면
자녀인 우리에게 좋은 것
최상의 것 빼놓고는 다른 것을 줄 턱이 없지 않겠는가

나는 오늘도 베풀고 주는
그 성품에 참여하고 싶은 소망 하나
키우고 있다

신호등

신호등은 아버지 얼굴이다
밤낮으로
그 높은 데서 내려다 보신다

파아란 미소의 얼굴은
옳은 일을 한 내게
내리시는 관대한 칭찬이다

때론
못마땅해 근엄한 경고의 노오란 표정은
넘어질라 조심하라는 염려의 안색이다

칭찬만
열려만 하시던 아버지가
빨갛게 노여우실 때는
분명
나는 그 뜻을 거스리고 있어
일단 멈추고 나서
나를, 내 주변을 돌아보게 된다

밤이 내리는 네거리에 서서
신호등 손짓에 움직이는 나

이제
내 삶의 교차로엔 신호등이 없다
아버지 사랑이 신호등 되어
오늘도
파아란 노정에 나의 삶이 직진한다

오늘 하루도

오늘 하루도 어김없이
낮과 밤을 주사
일과 쉼을 구별케 하시는 주님
기도할 수 있는 새날을 주시니
감사합니다

거친 광야 메마른 풀 한 포기
골고루 비를 내려 살리시는 주님
나 또한 시들지 않게 단비 주시니
오늘 하루도 무사했습니다

걱정과 갈등의 말발굽 덮칠 때
안식의 날개 넓게 펴사 평강의
체온으로 품어주시는 주님
오늘 하루 또 안전했습니다

억울 할 때 답답하여 뒹굴면
자상하신 손 내밀어 어루만지며
멍든 마음 다독이며 안아 주시니
감사의 뜨거운 눈물 흐릅니다

고정관념에 어두워진 나의 눈
편견의 눈꼽 닦고 주님을 바라봅니다

탐심 털고 환해진 세상, 함께 하리라
그 약속 믿고 일어섭니다

이제
소외된 이웃을 향해 달려가게 하소서
이제
주님 없이는 잠시도
살 수 없음을 고백하게 하소서

주님 이름을 위하여
가치있고 귀한 사명 사는 삶
깨달아 알게 하시니
영혼의 푸른 초장마다
감사의 시내물이 쉬지않고 흐릅니다
기쁨의 눈물이 그치지 않고 흐릅니다

기도 얼굴

마음 가득 차오르는 아침햇살
그 눈부심
멀고도 가까운 독대

해빙의 기쁨을 타고
살아있음이 감사로 이어지는 사다리

확인전달 해주는
호흡
들어쉴 때 흐느끼는 뉘우침
내 쉴 때 트이는 기쁜 미소

연결되는 간구와 아룀
천지가득
열리는 하늘음성

새벽마다
영혼의 창을 열면
늘 거기있는
얼굴 하나

4월에는

얼음 밑으로 흐르던 강물
4월에는 속도를 더 한다

겨우내
매몰차게 굳어있는 땅
부활의 봄기운 스며들면
부드러운 옥토

이 천년 전 그 삶을 닮고자
'베품'의 식수를 하고
'나눔'의 물을 준다

걱정과 의심 바람 불어도
진리처럼 쏟아지는 빛

풀이, 나무가, 시내가, 철새까지
질서에 순종하는 하늘생명
진리의 창공에 구름처럼 핀다

땅 밑에서 위로 물길 트이는 4월
치유의 무궁화 심는
일 년 열두달 매일 매일이
기도 식목일, 복음 식목일

고백할 게 있네, 이 아침에

창밖 세상이 어두워지면
내 마음에 내리는 어두움
빛으로 온 그를 미처 몰라
방안의 불만 밝히려던 옛 모습

혈기 부리며
손해 안보고 지지 않으려던 아집
겉은 그의 형상을 닮는 척
위선의 색깔로 살아온 상한 갈대

실족 할 때 마다
손잡아 일으켜 세우는
힘 되신 여호와
그 소중한 임재가 해답인 것을

이웃의 헐벗음을 못 본 채
이민 들판의 내 외로움만 울부짖은 이기심
부끄러워 무릎 꿇는 이 아침

십자가 위에서 내려다 보는
저 자비의 시선

'생명의 근원자시여

구원의 빛이시여
마음 문 여오니 어서 들어오소서'

문 밖에 서있게 한 냉담
뉘우침의 파도 가슴에 밀려온다

하얀 종이 짝 심장에 스며드는
회개 다음에 오는 이 기쁨
이 축복을 아뢰지 않을 수 없음이여

나즈막이 고백하는 은밀한 마음 있네
이 조용한 아침에

빗자루

마음 마당에 빗자루 하나

새벽마다
'고백'에 내려놓는 빗질 한 번
'반성'에 아뢰는 빗질 두 번
'간구'에 읊조리는 빗질 세 번
'통회'에 토해내는 빗질 일곱 번
마당 쓸기 끝낼 무렵
호흡의 산이나 계곡이 젖어있음이여

변화없는 언행의 제 자리 걸음
더욱 굳은 고정관념
넓혀지지 않는 편견의 시각
삶의 마당은 여전히 더럽고 어지러워
하루의 첫 시간 빗질이 헛수고로 남아
가슴에는 안타까움 흥건하다

참회의 통로에 엎드린 여린 마음
힘과 열을 쏟아
독대를 울부짖는다
등줄기에 진땀이 흐른다
밀려오는 눈물을 타고
'생떼'가 아닌 받은 것에 목 메이는 '감사'가

드디어 나를 무너뜨린다

당신의 뜻에 합당한 빗질
드디어 온전한 순종이 왕래의 길을 터
성령 충만이 기적처럼 비 내리고
기쁨이 줄서는
메타노이아 180도 방향 바꾸기

햇빛가득 보드라운 마당은
이미 어제의 뜨락이 아니다
죄성 검부러기 날아 들어오면
허리 굽힌 빗자루 또 쓸고 털어낸다

꼭꼭 밟아주기를 기다리는 뜨락
주여, 어서 오소서
마당 한 복판에서 빗자루가 허리 굽혀
아주 반가운 인사를 한다

그 곳을 향하여

바다와 열애를 한 친구
노을이 푸짐한 저녁 식탁에는
늘 와인잔 가득 바다가 출렁
바다를 읽으며 바다와 놀았다
늘 배부른 안주인은 바다를 베고 잠이 들곤 했다

다섯 달의 외로운 투병기간
바람 높아 보채는 바다
뒤척이는 밤바다의 신음마저 품곤 했다
꽃잎이 지듯 생명이 지던 날도 바다는 턱밑에 있었다

햇볕마저 만져질 듯 유난히 부드러운 그날
수 백 장의 흰 장미 꽃잎에 기대어
한줌의 가루로
드디어 바다와 몸을 섞고
맑은 영혼은 제 갈길을 찾아 귀천*하였다

계속 보내오는 신호
그 곳을 향하여
나의 심장이 '지금은' 뛰고 있다

*천상병

가을의 은총

세 살 박이 뒤뜰 감나무는
단감 자매들 품고
가을볕 한 웅큼을 어르고 있다

수줍은 빨간 속살
탐스런 무게에 고개 떨군 한 나절
이웃친구 다람쥐 부지런히 다녀간다
그 뒤를 줄지은 개미떼
감나무는 부양가족이 많다

바람이 허공을 밀고 당길 때 마다
하늘이 쏟아져 들어온다
낮게 패인 입 자국 속으로

10월에는 삼 마서
마음 푹놓고 가족처럼 흐르는
단물 강이 된다
모두가 가을 한 복판에 가 닿는다

눈물은 그 흔적이 없다

매달 첫째 목요일
옹달샘 기도회가 있는 날
발목을 잡은 서울서 급송되어 온
부이치치*
나를 울리고 울린다

게으름에 내어준 성한 팔다리
나는 가진게 너무 많다
부끄러운 깨달음
옹달샘에다 퍼 나른다
나눔과 유통에 나의 눈물을 보탠다
사랑의 포뮬라, 믿음
은혜 보태기 믿음은 구원
능력 보태기 믿음은 치유
나의 날개
믿음
이 고백에 두손을 포개며
이 아침 은혜에 젖어든다

흔적을 남기지 않는 눈물의 길
세상을 들었다 놓는 힘
내 가슴 깊이
골짜기를 지나
네게로 간다

*팔 다리 없는 사람

감사, 그 기막힌 효험으로

아침에 눈 뜨면
감사가 하루를 열고
오늘이란 방으로
한 움큼 햇살 데리고 들어선다
습한 곰팡내 좇아내는 기도
손 하나로 맑아지는 세상
이웃은 더불어 건강한 가족이 된다

찌르는 송곳 미움방과
납덩이 게으름 방이 어쩔 수 없이 열려지고
앞치마 두른 감사 바람이
손 뻗어 거들어준다
호흡에 맞추어 쓸고 털어버리는 봄청소
창밖 새소리 방마다 환기시켜
넘실대는 생명기운에 퍼지는 기쁨 아지랑이

햇빛이 곧게 세운 세상의 마음들
태초의 미소 다가와 환하게 함께 웃는다

아름다운 지구촌
동서남북 푸르게 뻗는 감사의 숲
냉담과 미움의 박토
발아기쁨의
옥토 옷 입고 일어선다

지각 변동이 일어나고 있다

질그릇 손길이

마음의 맑은 눈은
도서실
통증 책장을 넘길 때 마다
파란 신호등 켜진다

캄캄한 대낮, 먼지바람 불어오는 도시
바늘 끝에 물 흐르는 소리
초록 서목원(書木園) 열고 들어온다
파릇파릇 생명의 새싹
물주고 가다듬는 처방이 놀랍다

서가에는 혈을 뚫는 압축된 시
기를 살리는 수필
방대한 소설같은 미소뜸 꽂힌다

고장 난 구석 진서(眞書)따라 조립
수리하는 한방 숲에 고통의 아우성 멀다

넓게 펼쳐진 하늘 서가에 흐르는 인술
막힘을 찌르고 뚫는 바늘과 쑥불
간힘의 나를 조이는듯 느슨하게 풀어
시의 들꽃 아름다운 언덕으로 데리고 간다

이제는 편해진 발걸음

없는 듯 있는 보혜사
두껍게 덮고 있는 책장의 비늘을 거두어
한겹 두겹 굳은 결빙의 관절마음에
피가 돌고 원기 솟는다

보이지 않는
저 커다란 치유의 손
상주하는 은혜의 도서실
회복의 기쁨이 불어온다
관람하고 감사 할 일만 남아있는
나의 일과

*김용석 원장님의 치료를 받고

4월은 두레박

마음에 걸친 두터운 편견
겨울 건너온 남루한 고집
망서림 없이 털어 내면
초록 봄 수레 달려온다

정원가득 햇빛 퍼지는 대낮
희열은 물 올라 푸르게 만발
땅과 하늘을 오르내리는 힘있는 왕래
결핍의 계절 넘어
약동하는 생명들이 가슴 뛰게한다

들리는 듯 조용히 귀 기우린다
꽃대궁 잡고 다정히 마주 웃노라니
창세전 웃음소리 나를 에워싼다

생명의 4월은 두레박
목마른 가슴에 퍼 올린다
넓은 지경
들꽃 이웃에 퍼 나른다

혼자, 그래도 괜찮아

혼자 안하던 짓을 하며
혼자 편안함을 터득한다

여행
가슴에 불던 사막바람
낯선 마을 음식냄새
수영장 가득 하늘이 내려온다
와인잔에 고인 시(詩)를 마신다

혼자 아팠다
혼자 거기 있었다
바람에 부대낀 아침이슬

이제
혼자가 좋다 익숙해진다 자유롭다
혼자서도 괜찮아가
혼자가 아니었다

결코 내 곁을 떠난 적이 없는
투병의 병상을 끝까지 지킨
당신
당신의 실존 때문이다

길의 노래

휘감긴 흑암을 풀고
땅에서 위로 솟음
처음 그 열림에서 시작
빛과 호흡이 가는 길

진리의 초점 겨냥
내 안에 길을 낸 의미있는 바람의 움직임
섬세한 떨림, 숨이 멎는 밝음 아래
아름답지 않은 게 하나도 없다

세상 우거진 곳에도
길은 있다
길이 끝나는 곳에도
길은 있다

사람 소리 헤치며 가는 길
헝크러진 흔적 주워 담으며 가는 길
이어진다
조심스레 다시 길 위에

길이 길을 데리고 길을 불러
수많은 출발이 도착에 간다

길을 완성한 그이
세상 끌어안고
투신하는 하늘 폭포

가슴마다에 떨어져
낮아질래야 더 낮아질수 없는
살아있는 길

길다운 길
하나 있다

으뜸 사랑

과수원의 익은 과일들
입맛에 시집가기를 기다린다
채소밭의 채소들
식탁에 올려지기를 기다린다

지음의 질서 너머
과수원 같은 인간세상의 먹이사슬

헌신의 때를 기다리는 집합체
태초의 의도 저멀리
외면하고 배신하는 인간들
그럼에도 불구하고
끝까지 품어주는 흙의 본성

사랑은 기다림
어두운 밤과 햇볕을
이슬과 바람을 통과하는 과정

사랑은 나눔
제 살을 주기 싫어하는
사과는 이미 사과가 아니듯
자녀삼은 극치의 사랑
성찬식을 통해 그의 살을 먹는다

있는 그대로
이 모습 이대로 인정하고 받아 준
목수청년의 사랑

엄청난 외침 하나
서로 사랑하라
믿음, 소망, 사랑 그 중에 제일은 사랑

2천년 동안 펄럭이고 있다
냉담가슴을 흔들고 있다
영혼의 문을 두드리고 있다

은혜의 잔물결 일렁이는 평강의 강
감히 물장구치는 작은 손과 발
섬김으로 달려가는 이 아침
감사해서 울고
감격해서 우는 하늘 크기의 사랑

3. 생수의 강가에서

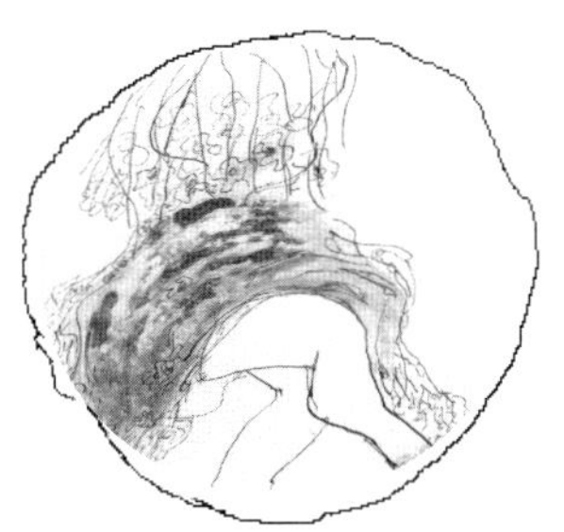

사는 것이 힘들 때

사는 것이 힘들 때
잠시 손을 놓고 눈 감아본다
가까이 있는 바닷바람 얼굴에 와 닿는다
깊이 들여 마시면
답답함이 뚫리듯 한결 시원해진다

사는 것이 짜증스럽게 느껴질 때
적막한 노인 아파트를 떠 올려 본다
주름살 만큼 가득한 기다림
외로움을 달래듯 바람이 멎었다 지나간다
문득 자유롭게 오가는 내 분주함이 고맙다

사는 것이 막막하다는 생각이 들 때는
교통 사고로 외아들, 며느리, 손자 셋
일가족 다 잃은 신문 속의 어머니를 생각한다
사고현장이 아닌 나의 일상이 고마워진다

사는 것은
흐린 날 다음 개인 날도 있는
높고 낮은 산
그 위에 올라가서 시선을 멀리 둔다
먼 헤어짐과 만남의 꾸불꾸불한 길
이어지고 끊기면서 넘어가는 산이 어디 한 두개던가

힘들고 짜증스런 마음 녹이는
감사의 마음 잊게 하는
나의 이기심과 인색함
많이 부끄럽다

문득
살아 있다는 게 눈물겹도록 고마워
365일 일년 열 두 달 내내
감사일이란 생각이 든다

연

연날리기는 부부관계

남편의 얼굴은
강바람 타고 푸른 창공 높이 솟아
많은 것을 보기를 즐긴다

아내는 연줄, 팽팽한
함께 오르는 기쁨
추락하는 슬픔
그 힘으로
남편의 가슴은 태양을 당당하게 마주본다

하늘 한 가운데서
연의 가슴이 곤두박질쳐도 연줄있으면 생명 있다
조종하는 배후 세력을 눈여겨 볼 일이다

헌신의 줄 없으면 바람을 거스를수 없는 연
눈 부릅 뜬 해를 만날 수 있나

바람없는 날 연이 솟던가
줄 없는 연이 하늘에 닿던가

연이 연이 되고

부부가 부부가 되는
그 때
연줄을 거머쥔
커다란 손을 기억할 일이다

키모 모자

꽃잎처럼 내 머리는 수줍은 맨살
모자나비 하나 앉아있다

그 아래
8번 폭격이 남긴 폐가
헐벗은 겨울나무 틈에 끼여
고통의 외투 나누어 입는다

적막한 들판을 달리는 바람 앞에 서면
걸친 옷이 버거워진다
눈물모자가 거들어준다

내 머리는 겨울나무
병오라기 머리카락 흩날려 보낸 후
숲에 내려가 목소리에 기우린다
주어야 산다
버려야 산다
비워야 산다
가릴 것 없이 다 내준다
움트는 봄은 시작모자 쓴다

감출 것 없는 가슴
토악질 잔가지에 고이는 눈물

헛발길질이 그래도 힘주어 발판을 친다
튕겨 오른다
색깔고운 나비의 창공을

세수 비누

문지를 때마다 피어나는
어머니 냄새
그리워
아침마다 어김없이 찾아간다

얼굴뿐 아니라 온몸을 씻고 또 씻어
세상으로 내 보낸 아낌없는 헌신
줄어들고 작아지며
당신의 날은 말없이 저물어

더러운 안팎을 닦고 벗겨내
뽀드득 생기 도는 세포 구멍마다
보송보송 뽀얗게 피어난 청결
살갗을 돌아
골수까지 파고드는
눈부신 해돋이

이아침 세수 비누 살을 비비면
자꾸 없어지는 거품 속에 숨어
머물고 싶어 하는 세상 찌든 때
한사코 눈물로 녹여 씻겨 주는
지순의 사랑

아, 내가 아는
세상에서 제일 위대한
세수 비누 하나
어
머
니

물거울

있는 대로
보이는 대로
고스란히 비추는 수면

바람 높고
구름 짙게 낀 날
어둡게 흔들려
초록가지에, 물속가지에
앉을 수 없는 새소리
산산조각 난 보름달
밤새도록 가슴앓이 한다

겨울을 건너온 투명한 고요
햇빛 환한 대낮을 지나
떠오르는 디베라 물가
영혼에 낀 먼지도 들추는
하늘 거울

기쁘면 미소
슬프면 눈물
어느 면경에 뜰까

굽히고 또 굽히고
꿇고 또 꿇고
굴절 없이 안기는
거울

은혜 거울

동산으로 가는 편지

바닷가 모래알만큼이나 하늘의 별 만큼이나
그 많은 사람들 가운데
왜 하필이면 우리를 불러 주셨을까요
침묵 속에 펼쳐진 삶의 거울 하나, 조용히 들여다봅니다
흩어진 자신을 주워 모아 기도의 광주리에 담습니다
쉬 지치고 힘겨웠던 하루하루
잠 속에서도 눈 부릅뜬 긴장의 세월 그 구비 구비
삶의 언덕을 용케도 잘 달려오지 않았습니까
먹고 마실게 지천인데도 늘 목마르고 허기졌습니다
풍요 속에 살아도 감사를 몰랐고
영혼이 텅 비어 휘청거릴 때 주님 동산으로 불러주심
오로지 은혜였습니다
걷잡을 수 없이 흐르던 눈물
들춰진 허물과 죄상
헛된 것을 길어 올리던 지난 날들
고백하며, 통회하며, 찬양할 때
기쁨의 바람은 가슴을 흔들어 길을 냈습니다
허리 굽혀 몸소 발 씻어 주시며
영혼의 얼룩까지 닦아주시는 성령님
상처 난 마음 어루만져 주시랴
이 냉동 가슴 녹이시랴 바쁘신 주님
죽을 수밖에 없는 이 죄인을 위해
십자가의 그 사랑
자리바꿈한 그 극치의 사랑이

인격적으로 내 것이 되면서
쏟아지는 깨달음은 보혈의 능력이었습니다
눈은 굳게 감고 있는데 얼음금 찡 열리듯
몸 안으로 빛이 스며드는 느낌이 왔습니다
주위는 밝음으로 출렁대고
신비한 평안함이 온 몸을 감쌉니다
감동으로 상승하는 가슴은 희열의 봇물이 터집니다
앞으로 가까이 다가갑니다
섬김의 신발을 신고 나눔의 옷을 입고
참 소망의 인침을 받고
성령님의 동행을 믿게 된 자리
두려움의 구름 걷혔습니다
생명의 옥토위에는 전파할 복음의 씨앗뿐입니다
이 감동, 이 감격, 이 감사
아 참으로 아름다운 세상을 허락하시는군요

우리는 주 안에서 하나입니다

주(主)바라기

눈부신 햇살 쓰다듬는
날이면 날마다
그리움에 키만 키우는 애절함

못다한 말
노오란 얼굴에 웃으며 담아
겉은 태연
속은 타
솜털 의식이 온통 따르고
뒤트는 몸
깊이 흐르는 열정 파르르 떨고 있다

기다림의 까망 수(繡) 알알이 박아
그만 너의 눈빛이 깊게 남아
열린 가슴은 너를 향해 드리는 눈물재단
그 무게에 숙이는 기도얼굴

체온이 도망갈까
마음의 알몸을 가리는
숯덩이
순애보

장독대 풍경

창 밖 쏟아지는 햇살 아래
남향을 품고 자리 잡은
장독대
고요함이 목구멍까지 하얗다

소란한 세상소리 가두고
빗소리 바람소리 잠재워
크고 작게 감싸안은 불룩한 사도의 모습

가마 불길 껴안고 태우고 녹여 빚어진
열림의 눈
적요를 건너
내림으로 꽂혀
빛으로 일어서는 장
맛 내음은 마을까지 번진다

다채로운 당신의 장독대
별빛 시린 내 영혼
비워 더 낮게 엎드리는
기도 항아리

산(山)에게

산아
네 품은 어머니 품
무척이나 넓구나

노래하는 산새들
기도하는 나무들
사철 부는 산바람
앉아 쉬는 바위들
솔잎에 영롱한 아침이슬
산등성이 크고 작은 밭
사이 흐르는 계곡 냇물
가슴에 다 품고
어우르며 사니 참 좋겠네

산아
무엇보다도 너를 사랑하는 이유는
높아도 낮고
낮아도 높은
몸통 전체를 침묵에 내 놓고

너보다 높은
그 음성 주야로 경청
너보다 낮은

사람마을 지켜보는
너의 성품 때문이다

그래서
푸르게 푸르게 젊어있나 보다

당신으로 가득하기에

조용히 들여다보면 살아온 삶
그 속에
고통의 소금이 기쁨의 맛을 더 나게 한 날들
속상한 날보다 기쁨의 날이 더 많았다

아픔이 덮쳐 힘들었을 때
그 아픔이 있었기에
주위의 아픈 마음들 헤아리게 되었고
그 아픔은 아픔을 호소하는 이들에게 다가가게 했다

배신의 긴 밤 뒤척임
흔들어 대는 오해바람
휘감기어 오는 편견 덤불
진실의 곡괭이로 파고 뒤집어엎는
영혼의 장엄한 밭갈이
생명을 위하여
그 장소가 그 상황이 그 시간이
꼭 필요 하였다는 깨달음
고통의 발아(發芽)없이
기쁨의 결실 없다는 약속의 소중함

감사가 하루를 열 때
새들이 지저귀고

감사 안에 하루를 닫을 때
안식이 곁에 와 눕는다
감사한 일과 감사한 날들 사이
조용히 들여다 볼수록
처음부터 가득한 당신

어느 하루도 복되지 않은 날 없으니
어느 하루도 유익하지 않은 날 없으니

이 가을, 느낌은

차고 옆
막무가내로 벗어놓는 메이플 나무
빛 고운 흔적들 쓸다가 문득 내려다본
빗자루 쥔 두 손
'행복 하구나' 느끼게 됩니다

불평없이 훌훌 거처를 떠나는 잎새들
함께 뒹구는 싸늘한 가을 바람이
마냥 아름다운 것은
당신의 눈빛이 내 등을 쪼이고 있어
'참, 좋구나' 느끼게 됩니다

비어가는 나무들 어깨 위에
가을 볕 한줄기
언약으로 오는 당신의 사랑
그 아래 심장 가득 차오르는 충만
작은 행복이 떨며 와 안깁니다

파란 하늘 맑은 호수에
떠가는 세상이 눈부신 이 가을아침
쭉 들여마시는 천기(天氣)는
나의 안 팍 시력을 교정
사람낙엽 내 모습을 직시하게 해줍니다

가을은
한없이 깊게, 높게 존재하는 바탕사랑
마음을 아름답게 채색하는 화가
생각을 땅으로 모아주는 청소부
결실의 계절 풍작의 들밭
가슴 벅찬 감사
어쩜 이렇게 많습니까

이 가을, 느낌은
감사의 색깔밖에 없음을 아룁니다

생수의 강가에서

이민의 흙탕물 튀어
지치고 곤고한
내 영혼의 척추
수척함이여

매일 회개의 강변을 서성이는 영혼
게으른 손 부끄러워 울고
얼어붙은 마음 통회하며 울고
주님의 강가, 빛살 넘치는 자비의 수면

은혜의 잔물결 일렁이는 평강의 강
물장구치는 작은 손과 발
섬김으로 달려가는 이 아침
감사해서 울고
감격해서 우는 하늘 크기의 사랑

보혈의 능력
구원의 길
그 유일한 생수의 강에 풍덩
기쁨에 파르르 떠는 이 고백 들으소서
들어주소서

나의 힘이 되신 여호와여 내가 주를 사랑하나이다(시편18:1)

사랑은

그의 밝음이 어둠 속에 있는 나를 끌어낸다
그의 미소가 울고 있는 나의 눈물을 닦아준다
그의 관심이 나의 고통을 밀어낸다
그의 온전함이 신음하는 내 영혼을 어루만진다

가만히 소리 없이 안아 줄 때
천하가 변화되는 저 놀라운 힘을 보라

보이지 않는 것을 보고
만져지지 않는 것을 믿는
깨달음이 질서 있게 감응하는 이 떨림
온 몸이 귀 하나로 남는다

가장 신비한 것

사랑은
그의 바탕화면

십자가 아래

십자가 아래
무릎 꿇는 참회의 시간 있네
눈물을 딛고 소망의 빛 오네
고백과 깨달음 앞에 용서의 얼굴 있네

십자가 아래
새벽마다 울부짖는 상한 심령
사방이 막혀 두렵고 험한 세상
달려와 엎드리는 십자가, 그 안에 길 있네

세상에서는
믿을 약속 하나도 없지만
십자가는 구원의 방주
신실하신 주님의 약속, 나 굳게 믿네

십자가 아래
내 새싹 영혼 거듭 나
온 세상 은혜의 단비
감동의 거류(巨流) 골수를 파고드네

구원의 십자가
화목의 십자가
세상 끝날까지 약속 지키네
세상 끝날까지 사랑하시네

새 한마리 날아가고 있다

잃어버린 노래 찾아
새 한 마리 날아가고 있다

놓아버린 시(詩)를 찾아
새 한 마리 날아가고 있다

감사의 겉옷 입고
새 한 마리
지금
어디쯤 날고 있을까

꽃씨

어느 날
편지에 실려온
코스모스 씨앗들

손에 쥐고 내려다 본다

맑은 눈빛
밝은 미소
가슴을 꽉 채우던 설레임의 음성
가벼운 봉투에 무거우리 만치
그득

그대
그토록
날 눈부시게 한
추억의 빛 한 웅큼 하늘 하늘

씨앗은 말 없는 기다림에
손바닥 지나 흙바닥을 휘젓고

생명
끝없는 소통이기에

한톨의 씨앗이 썩으면 많은 열매를 맺나니

코스모스 무성한 길섶
꽃 파도
밀려온다
아름답게 숨쉬며 춤춘다

끝없이 꿈꾸는 바다

물,물,물

크고 작은 강 다 불러 모은다
들여다보는 시간의 물 속
흔할 때는 버리기도
거저라는 생각에 무척 낭비했다

물속에서 헤엄치고 놀 때
동서남북이 손안에서 재롱을 피운다
움켜쥐었는데 빈 손
휘젓다가 지친 몸

목이 탄다
사방이 물인데 마실 물은 어디에도 없다
허기진 어제

시간이 사람보다 무척 크다는 생각이 들면서
바라본 더 아름답게 타오르는 노을
등잔에 기름이 줄어들고 있다

잡아도 머물지 않고
물에 잠겨 있어도 바싹 말라버린 풀포기
낮게 누울 수 없어 뒤척이는데
어디서 불어온 바람인가
묻어 온 물기
생수 한 모금

이윽코
가셔지는 내 영혼의 갈증

민들레 씨방

발이 없는 씨방이 안 가는 곳이 없다
바람은 가는 곳마다 흔든다
저보다 가벼운 것을 데리고 다닌다
흔적 없는데 흔적은 남아
광야에도 길가에도
옥토에나 자갈, 가시 넝쿨에도
차별없이 다녀가는
바람의 길

먼 땅에 날아 온 사람 민들레
낯선 기류에 말라 비틀어 질 뻔
가슴 졸인 불면의 밤바다 건너
아슬아슬 언어의 장벽 너머로 씨방 흩어져
구름 낀 하늘 저 멀리 날아올라
춤추며 날아올라
민들레의 지경은 넓어져 간다

새롭게 열리는 우주
샛노랗게 피어난다
디아스포라

가진 것이라곤

등불

나약한 흔들림의 몸짓 한 가닥

바람 한 입김에 사그라지는
여린 목숨

제 몸 태워 밝히는 아픈 기쁨으로
빛 눈물 심지 세우면
펼쳐지는 가시(可視)의 세상

갈한 깜빡임은
초심(初心)을 다시 태워
흐느끼며 마셔버리는
절정 한 모금의 헌화(獻火)

가 닿자마자
열리는 묵시의 트임에
사라지는 저 두꺼운 어둠각질

건너오는 소통의 환한 뻗음이
세상을 건진다
나를 건져낸다

'주의 말씀은 내 발의 등불이요, 내 길에 빛이니이다'

생명의 날개

밤마다 가슴에는 피폐한 바람이 일었다
어느 날
날아 온 햇살 한 줄기 꽂히던 찰라
어디선가 물 흐르는 소리

잠자던 의식의 솜털들이 파르르 떨며
눈을 뜬다
뼈를 세우고 피를 돌리는 완벽한 가동
나이를 흔들다 바로 선 순간
발끝에서 시작하여
가슴을 뚫고 통과하는 환희

이제
건져 올린 목숨 하나
속도 붙은 봄 강물 타고
자연의 초록심장을 돌아
생명의 날개 서서히 편다
세상 혈관을 춤추며 흐른다

시인은

등불 하나
밝혀 들고
걸어간다

바람 부는 밤
어두운 거리를
걸어간다

꿈꾸는 가슴에
길이 있어
혼자서
걸어간다

하늘처럼
당당하게

밀려오는 힘
해조음 하나 건져 올리면
바다 속에 내가 안기고
내 안에 바다가 들어와
다시 떠오르는 섬

4. 아버지 바다

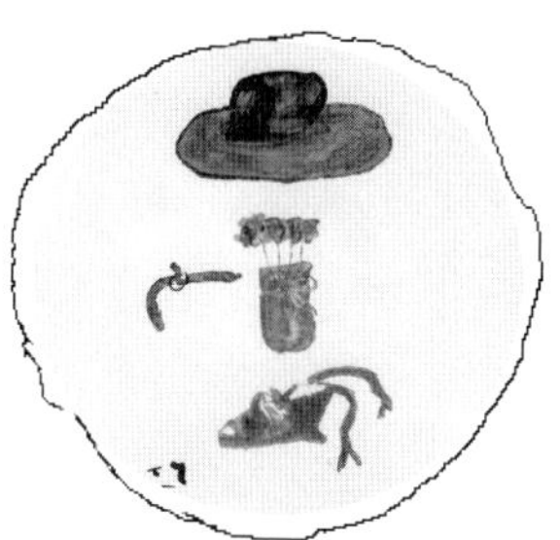

아버지 바다

넓은 바다에 섬 하나 떠 있다
바람 높은 계절
바다는 남빛 옷이다

섬은 잠에서 깨어나 기지개를 켜고
발목을 간질이는 바닷물의 희유에
해초들도 고개를 든다

별밤이 깊은 바다 속으로 잠이 들면
섬숲 둘러싼 물빛도
피부와 내장까지
초록 물이 든다
말과 생각까지도

밀려오는 힘
해조음 하나 건져 올리면
바다 속에 내가 안기고
내 안에 바다가 들어 와
다시 떠오르는 섬

바다가 없으면 섬은 섬이 아니다
펄펄 살아있는 자아를 소금물에 절인다
숨 쉬는 이 궁휼

이제 내 뜻대로는 아무 것도 없고
물결 따라 엎드리는
나는

아버지 바다에 떠있는
작은 섬

작은 데이트

'어부바'

내민 등을 향해 달려오는 손녀의 아장 발걸음
마음과 몸을 몽땅 주며 좋아서 외치는 '하머니' '하머니'

한도 끝도 없이 부어 주는 그 사랑 믿고
내 자신을 전부 던진 적이 있나 살펴봅니다

세상 파도에 휩싸일까
세상 내음에 실족할까

한 순간도 눈 떼지 않는 그 큰 시력 앞에
새벽마다 기도의 전파를 보내면서도
의심을 떨쳐버리지 못한 연약한 생존

손녀를 통해서까지
메시지를 보내며 간섭하는 창조주시여

용서받은 이 죄인의 발걸음
더디고 뒤뚱거리며 걷어채어 주저앉는 이 모습
기쁨의 보자기가 내릴 때 마다 깨우침이 열립니다

생육하고 번성하라
아브라함의 축복, 그 큰 우주 속으로

손녀와 함께 들어갑니다

시간을 누립니다
두 번째 통로를 누립니다
할머니의 길

작은 데이트의
큰 행복

메리 크리스마스

하늘 저만치서 이맘 때 쯤이면 왕래를 켠다

하늘과 땅을 잇는 침묵의 외침
믿음 사랑 소망 그 중에 제일은 사랑이라

하늘을 안고 한없이 한없이 낮게 내려온
소망의 아기 예수
평화의 아기
구원의 아기
겹겹 하늘이 열리고 또 열리고
지금도 땅 끝 그 어두운 세력에 열리고 있는
빛의 아기 예수

성탄 트리
성탄 캐롤
성탄 카드와 선물
도시는 축제의 손짓들 흔들며
흥분한 사람들 서로 반가워한다

그 아래
말구유 아기 만나려 엎드리면
미세하게 들리는 음성
깨어있어 더 죄짓지 말고
서로 사랑하라

첫눈 내리듯 낮게 맑게
환희가 큰 소리로 알린다
속도와 소음 가득한 세상을 향하여
이렇게 기다림에 목마른 가슴마다에

닫혀있던 내 영혼의 하늘
내 이기적인 가슴
열린다, 조용히

하늘엔 영광
땅위엔 평화
인간에게는 기쁨, 소망, 자유

놀라운 약속과 은총의 아기시여
메리 크리스마스

어떤 편도 여행

슬하에 자식도 없이 18년을 하루같이
옷만 빨던 세탁소 커플
서울친구가 보내온 왕복 비행기표 들고
부인 혼자 짬을 내
서울 나들이 떠났습니다

도착한 그 다음 날 쓰러져
혼수상태에서 3일 신음하다가
깨어나지 못하고
집에도 못 돌아 온 채
그만 숨을 거두었습니다

친구는 열심히 일만 했습니다
부자가 되어서도 쉴 줄 몰라
좋은데 한 번 가보지도
써보지도
나누지도 못했습니다

지난 날 내 모습 같아
가슴에 이는 회오의 바람을
잠재울 수 가 없습니다

친구가 남긴 선물은

쓰는 것이 내 것이고
베푸는 것이 남는 것이라는 교훈이었습니다

인생 역시 숨 쉬는 순간의 연장
편도 여행
그 깨우침 앞에
조그맣게 서있는 나 자신
이제야 크게 보입니다

당신의 오버타임 나의 기쁨

내 안에 참 많은 나 때문에
늘 기웃거리기만 하는 당신
어떻게 들어올 수 있을까

내 속에 참 많은 헛된 욕망
비워야 날 수 있는 날개
비대한 내 욕심 때문에 접혀있다

내 속에 참 부질없는 근심 많아
무겁게 눌러 숨 막히는 답답함
풀고자 매달리지 못하는 게으른 가슴

내 속에 참 많은 불만의 나
평안의 구슬을 받고도 꿰지 못해
기가 질리는 내 허기와 목마름
먼 방황에 휩쓸려 쓰러질듯

안팎을 뒤집어 샅샅이 청소하는 부활의 절기
내속의 나를 몽땅 빨래
다 털어내고 내려놓고 맡기는 순간
드디어 내 안에 들어온 당신

헹구어 널고
말리고 다리는 당신의 오버타임이
나의 영생의 밥상일 줄은
과분한 나의 기쁨일 줄은

생명의 절기를 본다

-대림절 송(頌)에 부쳐-

그 풍성한 수확과 감사의 들녘을 지나
이제 막 대림절에 닿았습니다

여름 내 푸름에 취하여 자만하였나이다
개으름을 포식, 나태하였나이다
부끄럽습니다. 용서해 주시옵소서

묵상하며
믿음의 근원을 파악하오니
낮게 임하신 성육신의 겸손에 다가가게 하소서

연말 상업주의에 물든 소비와 향락의 옷을 벗게 하소서
퇴색된 계절의 흥분을 털고 긴장으로 깨어있게 하소서

무릎 꿇고 두 눈 당신만 바라보게 하소서
확실한 믿음의 사람이 되기 위해
이 짧은 28일의 기간만이라도 이웃 사랑을 실천하게 하옵소서

성탄, 이 땅에 하나님의 구원사역은 시작되었고
세상 끝날, 재림주 당신을
소망 중에 기다리고 있습니다
당신을 애타게 기다리는 저 초롱 눈들을 굽어보소서

세상을 이처럼 사랑하사

죄인인 나를 이 세상에 두신 그 긍휼함이여
2천년 전 독생자로 오셨고
지금 보혜사 성령님 우리 가운데 두시고
영생의 언약을 약속 해 주신 은혜

평강의 마음으로
두려움 없이
조바심 없이
대강절을 사모, 기다림을 허락해주심을
하나님과의 관계 이웃과의 관계
모든 '관계의 은총'을 절기쟁반에 귀하게
기쁨과 감사함을 듬뿍 곁드려 올려놓습니다

빈 무덤

-부활절에-

실의에 빠진 제자들
사방으로 흐터지고
이른 아침
아직 어두울 때
뜨거운 심장으로 달려온 여심은
돌이 옮겨진 현장에 놀랍니다

무서움도 잊고
무덤안에 흔적으로 남은 머리 수건과 세마포
어루만지며 감당키 힘든 눈물 흘립니다

그 현장의 처음 목격자 여인은
미리 하신 말씀을 믿고
두 눈으로 분명 본 것을
세상에 큰 소리로 외칩니다
지금도 귀에 들려오는는 "주님 부활 하셨네"

인간의 죄를 도말키 위해
가상(架上)의 긴 고통을 감내하신
사흘만에 다 이루신 극치의 사랑을
몸소 보이신
지금도 우리 곁에 살아있는 능력의 주님

세상의 그 어떤 세력의 채찍도
세상의 그 어떤 무게의 돌문도
세상의 그 어떤 삼엄한 감시도
부활의 역사를 막지 못하였습니다

여기에 단 하나뿐인 생명의 길
당신과 나
온 인류를 위한 바로 그 구원의 길이 있습니다

빈 무덤은 끝이 아닙니다
약속입니다
영생의 첫 열매 또 다른 시작입니다
위선과 편견에 허덕이는 세상무덤에서
자아를 빼 버리고
마음속
빈 무덤 하나 지닙니다

빈 무덤은 바로 하늘문입니다

고난의 십자가

-사순절에-

깊이를 알수없는 고통의 낭떠러지
심장이 터지지 않았습니다
그의 심장은 세상보다 컸기에

참혹한 채찍질에도
굽히지 않았음은
진리의 도가 그를 높혔기 때문입니다

흙길을 걷고 주리고 목말랐으나
땅에 속한 사람은 아니었습니다

그의 찔린 구멍마다 흐르는 피
나의 죄와 허물을 씻어주었습니다
그가 인내의 끝에서 진액을 토하고 죽어 갈 때
깊이 썩은 세상은 되살아났습니다

그의 소리는
세상을 들었다 놓는 새로운 웅장함이었습니다
하늘아래 그보다 더 큰 능력과 힘은 일찍이 없었습니다

이제사 가슴에 찡찡 와 박히는 대못소리
나는 얼마나 큰 대못의 말로 상대방을 죽였나 싶어
자신을 돌아보며 놀라
이렇게 회개의 눈물을 흘립니다

나는 죄덩어리
그럼에도
그의 찔림은 나를 사랑하기 때문이요
그의 절규는 못듣는 나의 귀를 열기 위함이요
그의 가상의 죽음은 나를 살리기 위함 이요
그의 부활은 인류를 위한 극치의 사랑, 이 깨달음의 떨림

그의 시작은 빛
세상을 비추사
어두움을 쫓고
사망의 벽 무너뜨렸습니다

지금도 살아서
단절된 관계를 회복시키고 병든 자를 치유하는
우리 가운데 계시는 이여!
부활의 첫 열매시여!

내 영혼의 돌문 열어주사
틈바구니마다 홍수처럼 빛살들로 채우시니
소망과 확신
기쁨과 감사
넘치는 사랑에 쏟아지는 눈물
넘치는 은혜에 목이 메입니다

눈부신 이 아침

-추수감사절에-

햇살에 등을 기댄다
의심의 잡초를 뽑는 바쁜 두손에
열심히 피었다 조용히 지는
사과꽃이 내려앉는다
어머니 얼굴 겹친다

치마폭 가득 웃음을 심고
손 끝 가득 입맛을 심고
가슴 가득 꿈을 심고

치마폭에서 놀며 기쁨을 배우고
손끝에서 자라며 건강을 배우고
가슴에서 잠들며 쉼을 배우는 아이
기도 어머니의 화목이 심겨진다

사과꽃은 사과를 내놓는다
심고 거두는 법칙이 어디 과목뿐이랴
가정농장의 작은 농부, 어머니
생명 안팍에서 비를 내리는 큰 농부, 여호와

일년을 내다보며 꽃을 심던 절기를 지나
믿음을 다지는 성숙의 계절
결핍의 흙을 긁어모아 소망을 심는다

눈부신 감사의 이 아침
창조의 뜨락에는
큰 농부만이 우뚝하다
일찍이 사람을 심어, 그것도 열두 사람을 심어
역사를 바꾸고 세상을 살려낸 십자가의 길

지금은 추수의 계절
애가 타서 일하고 있는 그이가 보인다

말구유에 오신 예수님

-성탄절-

더 낮아질 수 없는
그토록 비천한 곳으로 오셔야 했나요

높으면 다가갈 수 없을까 봐
죄의 감옥에 갇힌 나와 우리 모두를 위하여
용서의 신발 신고 질주해 오셔야 했나요

어둠이 짙은 이 땅에
아름답게
참되고 지극히 선한 순종의 자리바꿈
말구유의 아기예수
큰 기쁨의 좋은 소식으로 오신이여
온 인류의 미래를 책임지신
구원의 약속과 영생의 소망이 되시다니요

헐몬산 새벽이슬
맑은 눈물로 흐르고
생명 날개 달아주려 하늘 보좌 버리신
그 화목의 길
그 길은 은혜 감동
사랑의 극치

세상에 오신 성육신 사건

십자가 사건과 나의 구원
그 의미를, 그 필연성을 이제야 알겠습니다
왜 하필이면 말구유의 아기 예수로 오셔야 했는지 말입니다

막혀서 갇혀서 분리된 생명
영생으로
아, 떨리는 가슴은 감사로 파도칩니다
아, 샘솟는 기쁨은 숨 멎을 듯 파르르 감격합니다

지극히 높은 곳에서는 하나님께 영광이요
땅에서는 기뻐하심을 입은 사람들 중에 평화로다(눅2:14)

감사기도

생명을 감당하는 창조주여
당신의 축복 통로 되기 원합니다
치유를 지나 기쁨과 감사
시간과 상황을 초월하는 전능자시여
이제는 당신께서 일하실 차례입니다

회복을 위해 오버타임도 마다 않으시는 치유자시여
비우게 하소서. 내려놓게 하소서
온 마음을 다하고 목숨을 다하고, 뜻을 다하고 힘을 다하여
내 삶을 드립니다

죽음을 초월
그 순간 새 생명의 경이로운 체험이 능력되고
신비한 깨달음이 힘이 되어
가볍게 현장을 떠나 자유롭습니다
땅에 있지만 더 이상 땅에 속하지 않는 결속에서의 해방
주 여호와를 사랑합니다

주 없이는 아무것도 할 수 없습니다
주 없이는 아무것도 아닙니다
이 고백을 들으소서

나의 비움은 당신의 가득 채움의 시작

나의 내려놓음은 당신의 들어오심의 첫 단추
내 자아의 죽음은 당신께서 가동하심이라

내 아픔이 축복이게 하소서
내 고통이 은혜이게 하소서
이웃의 아픔에 동참, 안내하는 당신의 숨은 계획을 감지합니다
감사의 눈물이 당신의 발을 젖게 하소서
당신의 긍휼이 더 많은 감사의 눈물로 흐르게 하소서
이 삶 다 할 때까지 찬양으로 당신을 높이게 하소서

이 아픔에서 발원되는
그 고통, 견딜 만 하옵니다
관계회복에서 영혼회복까지 세포 하나하나 수리
주님께 다 맡긴 죄덩어리, 십자가 보혈로 회복시켜주십니다

지금 이 순간도
찬양할 입술이 있어 감사
간구할 기도가 있어 감사
사랑할 대상이 있어 감사
기도의 동역자 있어 감사
감사할 가슴이 있어 감사하옵니다 아멘

호박오가리

세일 호박 듬뿍 썰어 말렸다

온통 반짝이는 햇살
그 따가운 온도에 노출
초록테 흰속살 수줍게 말라버린
그 면 뒤척임 뒤의 쪼글쪼글 생 한 줌

납작 낮게 순종하는
온통 구겨진 육질의 결
그 뜨거운 열속으로
또 한번 투신하는 목숨

김오른 살갗 스치기만 해도 가벼운 유혹
회복기에 있는 동그라미 마음
간절한 입맛을 살려낸다

이천년 세월이 진국으로 우려 낸
죽어서 사흘 뒤 살아난
밥상 위로
푸르게 일렁이는 호박 채소밭
넝쿨 채 쏟아져 들어온다

|해설|

감사와 환희의 시적 칸타타

-김영교 시집 감사의 겉옷을 입고-

홍문표(시인, 비평가, 오산대 총장)

김영교 시인이 이번에 「시집 감사의 겉옷을 입고」를 출간하게 되었다. 김영교 시인은 이화 문학상을 수상한 「너 그리고 나, 우리」를 위시해 5권의 시집을 발표한바 있다. 뿐만 아니라 수필의 영역에서도 괄목할만한 작품들을 발표하여 독자들의 관심을 모으고 있는 시인 겸 수필가다. 문인이 하나의 장르에서 돋보이기도 쉬운 것은 아니다. 두 영역을 넘나들며 필력을 과시하고 있는 김영교 시인은 타고난 문사라고 할 수 있다. 원래 문학은 예술이다. 예술(art)의 어원은 기술(ars)에서 출발하고 있다. 예술을 기술의 관점에서 본다면 누구나 열심히 연습하면 터득하는 세계다.

예술의 본질은 단순한 기술의 경지를 넘어 감동하고 변화하는 마력을 가지고 있다. 기계적으로 반복되는 기술이 아니라 창조적인 기술, 뛰어난 기술, 놀라운 기술이 되어야 한다. 이러한 경지의 기술은 남다른 상상력과 열정이 없고는 불가능한 세계다. 따라서 김영교 시인이 많은 시들을 발표하고 수필까지 섭렵하는 것은 그만큼 문학적 달란트를 남들보다 많이 누리는 경우라고 할 수 있다.

문학의 기능을 감동과 변화라고 할 때, 대개는 정서적 영역에서만 이해하게 되고 과거에는 문학의 기능을 미적인 즐거움을 통하여 삶의 위안을 주는 것으로 생각하기도 하였다. 문학은 즐겁고 아름다운 것이 사실이다. 여기서 조심할 것은 즐거움의 성격에 관한 문제다. 많은 사람들이 문학적 즐거움을 통속적이고 말초적인 것으로 생각하여 문학의 가치를 평가절하 하는 경우가 있다. 세상에 시인은 많다. 시인들이 문학을 통하여 드러내고자 하는 세계는 각기 다르다. 이 점에 대하여 랜섬은 시의 세 가지 유형을 말한 바가 있다.

첫째는 물질 시다. 세계를 물질적 존재의 세계로 보고 모든 것을 감각적인 물질로 드러내고자 한다. 세계는 물질적인 영역만 있는 것이 아니라 정신적인 영역도 있다.

두 번째 시의 유형은 세계를 관념(idea)으로만 드러내려는 관념시를 들게 된다. 사실 보통의 시인들로서 세계에 대한 인식은 물질적 차원과 정신적 차원을 벗어날 수가 없다. 시는 인간의 내면이나, 정신, 미묘한 마음의 세계를 드러내고자 한다. 감각이나 지적 능력으로는 세계를 제대로 감지할 수 없으며 대부분의 시인이나 문인들은 눈에 보이는 자연을 대상으로 하여 존재의 비밀을 드러내고자 한다.

이러한 세계는 모두 인간의 세계요, 지상의 세계요, 유한한 세계다. 정말 인간이란 무엇이고, 어디에서 와서 어디로 가는 것인가, 광대무변(廣大無邊)한 우주와 한 순간 섬광처럼 반짝이는 생명들, 그 기적 같은 축복은 어디서부터 비롯되는 것인가, 유한한 인간의 지식이나 감정으로 설명할 수 없는 초월의 영역을 우리는 초월의 세계, 절대의 세계, 또는 영의 세계라 하는데, 랜섬은 이러한 세계를 형이상(metaphysical)의 세계라 하였다.

초월의 세계를 추구하는 시를 일컬어 형이상시라고 한다면 이는 시학적인 표현일 뿐이다. 절대의 세계, 영적인 세계, 바로 하나님의 세계를 추구하는 종교시, 또는 신앙시, 특히 하나님의 사랑과 예수 그리스도의 구속사적 주제를 드러내는 기독교시야말로 랜섬이 말하는 문학적 불꽃의 실재성이다.

일찍이 포우는 모든 예술은 음악을 동경한다고 했다. 이 말은 결국 문학이란 순수한 인간의 감동과 정서를 드러내고자 한다는 말이다. 아름다운 자연을 보고, 철따라 변하는 계절을 보고, 밤이면 반짝이는 별들을 보고, 아름답고 신비한 세계를 노래하는 것이나, 사랑과 그리움의 감정을 노래하는 것이나 모두다 인간적인 감동의 표현이다.

그러나 인간의 가시적인 물질의 세계, 또는 내면의 정신세계를 넘어선 초월의 세계는 삶의 영역을 넓히고 진정한 가치, 진정한 기쁨, 절대적인 의미를 가진 최고의 시학이다. 김영교 시인에게서 주목하게 되는 시적 진실은 바로 세속적 감각을 벗어난 초월적 가치, 기독교적 신앙 인식을 통한, 형이상학적 시학에 있다.

눈부신 빛살의 창세전 축복과 계획
가시 상처의 사막을 건너 방황하던 밤 지나
이제, 믿음의 뿌리 깊이
기쁨의 이파리 너풀
소망의 가지 뻗으리, 말씀 가지 넓게 뻗으리

영혼의 쉴만한 물가
그 잿더미 화력, 시공을 초월
여기 로뎀나무 한 그루 우뚝
키우는 이는 여호와이시니

「로뎀나무를 가슴에」에서

해질 녘 물가에 서면
떠오르는 갈릴리 호숫가

세상에 내리는 어두움 두려워
모두 떠나 버린 빈자리

세상 짐 홀로 진 굽은 어깨로
혼자서 피우던 모닥불

오늘
그 불씨 옮아와
내 마음에 지핀다
광야 같은 내 마음에 지핀다.

「불씨 하나」전문

세수비누와 몸을 섞으면
행복해지는 맨살

온 전신이 녹아져서
때 거품으로 사라지는 생

하얗게 뽀드득 소리를 내며
영혼의 발뒤꿈치까지
깨끗이 씻겨 진다
사랑은
내가 없어지는 연습

오늘도
당신의 은혜 대야에

알몸으로 풍덩

「행복」전문

인용한 시들을 보면 김영교 시인의 관심은 세속적인 물질이나 인간들의 번거로운 애증이 아니다. 시인의 시선은 하늘에 있고, 마음은 저 유대 땅에 오신 그리스도의 사랑과 구속을 통한 자유의 날개는 하늘을 나르고 있다. 「로뎀나무를 가슴에」를 보면 먼저 눈부신 빛살을 통한 창세전 하나님의 계획을 확인하게 된다. 가시상처의 사막을 지나, 방황하던 지난날의 시간을 지나, 이제는 믿음으로 뿌리를 깊게 하고 있다. 기쁨으로 무성한 이파리, 소망의 가지들, 말씀의 가지가 무성한 로뎀나무의 우뚝함을 확인하는 일은 김영교 시인에게 있어 문학은 시대적·사회적면 보다는 어떤 불변할 수 없는 영겁의 상(像) 말하고 있다. 여기서 로뎀나무는 현실적인 사막의 나무일 수 있지만 시적으로는 황무지에서 우뚝 선 시인 자신이기도 하다. 이는 세상과의 수평적인 관계가 아니라, 하나님, 절대자, 초월적 존재와의 수직적 관계에서 발견되는 믿음, 소망, 사랑, 기쁨이다. 충만한 신앙적 삶의 인식이 세속의 물질이나 애증을 초월해 영혼의 안식처를 시인의 자아 안에 품고 있다. 시공을 초월한 믿음의 세계는 하나님과 시적화자의 수직적 관계로 「불씨 하나」에서 더욱 구체화 된다. 그것은 하나님이 인자로 오시어 십자가와 구원의 사랑을 실천하신 그리스도의 불씨를 내 마음에 지피는 일이다. 광야 같은 내 마음을 태우는 것이다. 지상적인 것들은 모두 태우고, 물질적인 것, 인간적인 인식의 한계를 모두 태워버리고, 하나님 앞에 홀로서는 것이다. 이러한 불살음의 행위는 「행복」에서 깨끗이 씻음의 행위로 연결된다. 시적화자는 여기서 세수비누로 몸을 씻는다. 육체의 정결함을 시도하고 있다.

몸을 씻는 것은 육체의 몸만이 아니라 영혼의 몸까지 씻는 행위이다. “하얗게 뽀드득 소리를 내며 / 영혼의 발뒤꿈치까지 / 깨끗이 씻겨진다”는 것이다. 하나님과의 수직적인 관계는 하나님이 먼저 나를 부르시는 은총의 관계이다. 그것은 내가 수평적인 세속과의 관계를 단절하고 하나님과의 수직적 관계, 즉 초월적인 관계를 인정하는 믿음의 결단을 말하고 있다. 세속적인 나를 태우고, 나를 씻어 정결함에 이르는 행동으로 하나님과 시적 화자의 관계는 더욱 분명해진다. 이러한 믿음과 소망의 신앙에서 놀라운 축복의 기적, 변화의 기적, 치유의 기적이 나타나게 된다.

김영교 시인에게서 기적은 바로 주님을 영접하고 오직 하나님과의 소통을 이루면서 비롯되는 놀라운 사건이 아닐 수 없다. 그 첫 번째는 바로 영혼의 구원이다. 죄와 죽음과 인간 실존의 그 굴레에서 절망했던 영혼이 참 자유를 얻게 되는 놀라운 기적이다.

베데스다 물가에
병자인 내 모습 외롭게 서있어
고장 난 구석구석이 수리공을 애타게 기다린다
뼈가 녹아내리는 간절함에
십자가 다리를 건너 복원되는 나의 장애

단절의 강, 상실의 강
건너 회복에 이르는 이 숨 막히는 감격
떨며 간신히 기어가는 내 가슴 앞에
곧게 뻗어있는 저 치유의 길
오 으뜸 선물이어라

눈감으면 떠오르는 베데스다 연못
이제 감사의 숲 푸르러
이 환희의 반짝임 위에
한없이, 한없이 생명 부시다

「베데스다 연못」에서

눈도, 마음도, 발걸음도 더없이 기쁜 것은
당신의 참 사랑
영혼 가슴 깊이 뿌리내려
나도 모르게 나를 변화시켰기 때문이다

사랑 보다 더 큰 기적 또 있을까
매 순간 구석구석 일어나는 기적
세상은 기적 투성이

세상은 그래서 살 맛 나는 곳

「살맛나는 세상」에서

우리는 누구나 죄인이다. 죽을 수밖에 없는 절망적인 실존적 존재이다. 지상에서는 근원적인 참 자유를 누릴 수 없다. 이는 불치의 병을 앓고 있는 환자처럼 치유할 수 없는 영혼의 질병이기도 하다. 따라서 영혼의 치유, 영혼의 구원, 영혼의 자유는 오직 그리스도의 십자가 보혈만이 가능하다. “나는 길이요, 진리요, 생명이니, 나로 말미암지 않고는 결코 아버지께로 올 자가 없느니라.” 그리스도만이 길이고 진리고 생명이기에 그리스도를 만나는 것만으로도 기적이 일어난다.

38년이나 베데스다 연못가에서 앉은뱅이로 고생하던 환자가 어느 날 주님을 만나면서 치유의 기적을 경험하게 된다. 우리들은 모두 앉은뱅이와 같은 영혼의 불구자다. 결코 지상의 어떠한 처방도 죄인 된 영혼으로는 구원을 받을 수 없다. 다만 전능하신 하나님, 그리스도의 은총만이 영혼을 구할 수가 있는 것이다. "십자가 다리를 건너 복원되는 나의 장애"라는 신앙적 고백이 이를 간증하고 있다. 김영교 시인은 "단절의 강, 상실의 강 / 건너 회복에 이르는 숨 막히는 감격"을 경험하기에 이른다.

김영교 시인에게서의 기적은 영혼구원만이 아니다. 주님을 영접하고 하나님과 수직적인 관계를 가지면서 육체적인 질병에서도 기적을 경험하게 된다.

사람들이 다 가지고 있는
돈 주머니가 내겐 없습니다
처음부터 제 것이 아니었습니다

사람들이 다 가지고 있는
밥주머니가 내겐 없습니다
암(癌)씨가 몽땅 가져 갔습니다

내 영혼 구석구석 빈 주머니만 풀석풀석 먼지 납니다
가진 것이라곤 눈물주머니만 남았습니다

「주머니」에서

어느 날 갑자기 많은 피를 토하고 졸도, 병원신세를 지게 되었다.
위에서 발원된 임파선 암 말기 수술을 받아야 한다는 진단, 그리고 수혈, 수술, 입원과 퇴원.
여러해 전 일이지만 어제일 만 같다.

암으로 인해 잘라 낸 장기 부재로 불편을 겪기도 했다. 토악질이 가장 힘들었다. 발원지인 위와 비장 제거, 그리고 암으로 얇아진 왼쪽 유방, 그 대신 생애에 아주 귀한 경험을 얻었다.

「얻은 것과 잃은 것」에서

놀랍게도 예측하지 못한 암이란 광야였습니다
그것도 두 번 씩이나.
외롬의 허허벌판, 고통의 광야에서
넘어진 나를 일으켜 세워 줄
다가와 먼저 내밀어 등 다독여 주는
희망의 두 손은
시린 목을 데워주는 목도리가 되었습니다.

「잡아 주는 손」에서

참으로 놀라운 육체적 치유의 기적을 보게 된다. 앞서 영혼을 치유하시는 하나님의 사랑을 확인 하였지만 그것은 주님을 영접하는 크리스천이라면 대개는 체험할 수 있는 고백이다. 인간의 상식으로는 도저히 생각하기 어려운 역경과 기적적인 치유의 사건을 확인하게 된다.

「주머니」를 보면 일찍이 위암의 발병으로 밥주머니를 모두 절제했다는 내용이다. 암(癌)이라는 문자만 보아도 섬짓하게 느끼는 것이 일반의 감정인데 시인은 이를 태연하게 고백할 뿐만 아니라 그 애절함이 오히려 연민의 정으로 다가오게 한다. “사람들이 다 가지고 있는 / 밥 주머니가 내겐 없습니다 / 암씨가 몽땅 가져 갔습니다 ” 얼마나 애절한 표현인가 가장 중요한 인체의 일부가 상실된 것은 영혼의 상실을 동반한다. “내 영혼 구석구석 빈 주머니만 풀석풀석 먼지 납니다” 정말 애절한 병통이지만 그래도 스스로 이렇게 표현할 수 있다는 것은 생사의 갈림길에서 기적적인 치유의 축복을 받았기 때문에 가능한 것이라 짐작된다. 위의 시「얻은 것과 잃은 것」을 보면 위암만 극복한 것이 아니다. "위에서 발원된 임파선 암 말기 수술"을 받았다는 구절을 보면 위암에서 임파선 암까지 수술을 받고 치유의 기적을 보게 되었다는 말인데 일반의 상식으로는 도저히 믿을 수 없는 사건이다.

시인은 "여러해 전 일이지만 어제 일만 같다"고 태연하게 진술한다. 모두가 사형선고처럼 두려워하는 암을 그것도 두 번씩이나 더구나 말기 판정을 받고도 기적적으로 소생하여 지금은 옛날이야기처럼 그날을 노래하고 있으니 세상에서 볼 때는 인간승리의 영웅담이 되고 신앙적으로 말하면 치유의 기적이 아닐 수 없다. 이처럼 어려운 질병은 인간의 노력만으론 회복될 수 있는 것이 아니다. 이런 경우 무신론자들도 천우신조라고 하는데 정말 하늘이 돕지 않고는 불가능한 일이다. 더구나 시인은 독실한 신앙인이었기에 믿음과 하나님의 특별한 능력, 바로「잡아 주는 손」으로 가능한 것임을 확인하게 된다.

범사에 감사하라는 말씀이 있기는 하지만 보통의 인간으로서는 희로애락의 감정을 벗어나지 못한다. 사실 이 거대한 우주의 시간과 공간 속에 한 순간 나타났다 사라지는 인간 존재, 지상에 태어나는 것만으로도 축복임에 틀림없다. 그러나 인간은 하루에도 몇 번이나 감사와 원망과 아쉬움이 교차하는 현실을 산다. 더구나 일상생활에서 감사란 늘 상대적이다. 지상의 삶에서 절대적인 감사를 경험할 수 있는 것은 어떤 경우일까. 그것은 구사일생, 죽음의 강을 건넜다 돌아오는 것이다. 죽음은 모든 것을 무로 돌린다. 죽음은 실망이 아니라 절망이다. 죽음의 문턱에서 되돌아오는 것, 그보다 더 감사한 일은 없다. 그것은 상대적인 감사가 아니라 절대적인 감사다.

김영교 시인의 이번 시집이 보여주는 진실은 바로 그 기적적인 치유의 은총에 대한 감사와 환희의 노래다. 그것은 먼저 죽었던 영혼의 회복에 대한 신앙적 감사이다. 두 번이나 사경을 헤맸던 육신이 하나님의 은혜으로 기적적인 치유의 축복을 입게 된 감사와 환희가 시적인 칸타타가 되고 있다. 감사와 기쁨이 전편을 누비고 있는 인간 승리의 노래다.

그의 시작은 빛
세상을 비추사
어두움을 쫓고
사망에 벽 무너뜨렸습니다

지금도 살아서
단절된 관계를 회복시키고 병든 자를 치유하는
우리 가운데 계시는 이여!
부활의 첫 열매시여!

내 영혼의 돌문 열어 주사
틈바구니마다 빛살들로 채우시니
소망과 확신
기쁨과 감사
넘치는 사랑에 쏟아지는 눈물
넘치는 은혜에 목이 메입니다.

「고난의 십자가」에서

이 아픔에서 발원되는 영혼의 거듭남

그 고통, 견딜 만 하옵니다
관계회복에서 영혼회복까지 세포 하나하나 수리
주님께 다 맡긴 죄 덩어리, 십자가 보혈로 회복시켜주십니다

지금 이 순간도
찬양할 입술이 있어 감사
간구할 기도가 있어 감사
사랑할 대상이 있어 감사
기도의 동역자 있어 감사
감사할 가슴이 있어 감사하옵니다 아멘
「감사기도」에서

외로운 가슴 앞으로 가까이 다가갑니다.
섬김의 신발을 신고 나눔의 옷을 입고 참 소망의 인침을 받고
성령님의 동행을 믿게 된 자리
두려움의 구름 걸쳤습니다
생명의 옥토위에는 전파할 복음의 씨앗뿐입니다
이 감동, 이 감격, 이 감사
아 참으로 아름다운 세상을 허락하시는군요
우리는 주 안에서 하나입니다.
「동산으로 가는 편지」에서

잃어버린 노래 찾아
새 한 마리 날아가고 있다

놓아버린 시(詩)를 찾아
새 한 마리 날아가고 있다

감사의 겉옷 입고

새 한 마리
지금
어디쯤 날고 있을까

「새 한 마리 날아가고 있다」전문

열 두 해나 혈루증으로 고민하던 여인이 몰래 예수님의 옷자락을 만진다. 이를 아신 예수님은 그녀에게 "네 믿음이 너를 구원하였다"라고 말씀하신다. 예수님은 생전에 많은 병자를 치유하셨다. 그러나 예수님의 치유 목적은 단지 육신의 치유가 아니었다. 영혼의 치유였다. 육신의 치유도 믿음을 보시고 결정한 것이다. 여기에 기독교 신앙의 진리가 있다. 육체의 치유는 영혼의 치유를 통하여 가능하다. 영혼의 치유는 믿음에서부터 출발하고 있다.「고난의 십자가」를 보면 주님의 십자가 고난과 보혈과 부활은 내 죄를 사하시고 나를 살려 내 병을 치유하시고 영생과 구원을 얻게 하신 은혜임을 고백한다. 기쁨과 감사와 눈물을 흘리는 감격의 노래이다. 감격은 「감사의 기도」에서도 계속된다. 감사는 단지 육신 회복에 대한 것만이 아니라 영혼 회복, 영혼의 거듭남에 대한 감사다.

찬양할 입술이 있어 감사하고, 간구할 기도가 있어 감사하고, 사랑할 대상이 있어 감사하고, 기도의 동력자가 있어 감사하고, 감사할 가슴이 있어 감사한다. 그래서 김영교 시인의 세상은 온통 감사의 노래로 가득한 천국이 된다. 나아가 감사로 넘치는 시인의 신앙은 더욱 주님께 다가서면서 섬김과 나눔과 헌신을 다짐하게 된다. 「동산으로 가는 편지」는 바로 그 감격을 헌신과 충성으로 다짐하는 환희의 노래다. "이 감동, 이 감격, 이 감사 / 아 참으로 아름다운 세상을 허락하시는군요" 이런 고백은 아무나 할 수 있는 것이 아니다. 세속에서 얻은 어떤 성공으로는 이런 표현이 오히려 경솔할 수가 있다. 오직 믿음으로 영혼이 구원 받고, 육신마저 죽음의 문턱을 벗어난 기적을 경험한 사람만이 할 수 있는 고백이다.

이제 김영교 시인은 한 마리 새가 되어 하늘을 날아가고 있다. 그것은 인간적인 욕망의 날개를 달고 하늘로 치솟다 좌절하는 이카루스의 새가 아니라 주님의 십자가 공로로 영혼의 자유와 육신의 자유를 함께 얻은 참 자유의 날개이지 않는가. 감동, 감격, 감사로 충만한 환희의 날개를 달고, 잃어버린 노래 찾아, 놓아버린 시를 찾아, 하늘로 지상으로 훨훨 날아가고 있는 것이다.

감사의 겉옷을 입고

초판인쇄 | 2011년 1월 5일
초판발행 | 2011년 1월 11일

지은이 | 김영교
펴낸이 | 유화선

펴낸곳 | 도서출판말씀(www.malsseum.com)
e-mail | malsseum@malsseum.com
출판등록 204-91-88718 | 대표 정연홍
서울시 중랑구 중화동148-70
Tel (02)433-1433 Fax (02)433-9033

값 10,000원